ESTUDAR TEOLOGIA

Dados Internacionais de Catalogação na Publicação (CIP)
(Câmara Brasileira do Livro, SP, Brasil)

Matos, Henrique Cristiano José
  Estudar teologia : iniciação e método
Henrique Cristiano José Matos. 6. ed. – Petrópolis, RJ : Vozes, 2020. –
(Coleção Iniciação à Teologia)

1ª reimpressão, 2024.

ISBN 978-85-326-3108-4

1. Teologia – Estudo e ensino I. Título.

04-7940   CDD-230.071

Índices para catálogo sistemático:
1. Teologia cristã : Estudo e ensino   230.071

HENRIQUE CRISTIANO JOSÉ MATOS

ESTUDAR TEOLOGIA
Iniciação e método

EDITORA VOZES

Petrópolis

© 2005, 2020, Editora Vozes Ltda.
Rua Frei Luís, 100
25689-900 Petrópolis, RJ
www.vozes.com.br
Brasil

Todos os direitos reservados. Nenhuma parte desta obra poderá ser reproduzida ou transmitida por qualquer forma e/ou quaisquer meios (eletrônico ou mecânico, incluindo fotocópia e gravação) ou arquivada em qualquer sistema ou banco de dados sem permissão escrita da editora.

CONSELHO EDITORIAL	PRODUÇÃO EDITORIAL
Diretor Volney J. Berkenbrock	Aline L.R. de Barros Jailson Scota Marcelo Telles Mirela de Oliveira Natália França Otaviano M. Cunha Priscilla A.F. Alves Rafael de Oliveira Samuel Rezende Vanessa Luz Verônica M. Guedes
Editores Aline dos Santos Carneiro Edrian Josué Pasini Marilac Loraine Oleniki Welder Lancieri Marchini	
Conselheiros Elói Dionísio Piva Francisco Morás Gilberto Gonçalves Garcia Ludovico Garmus Teobaldo Heidemann	
Secretário executivo Leonardo A.R.T. dos Santos	

Diagramação: Sheilandre Desenv. Gráfico
Revisão gráfica: Nilton Braz da Rocha
Capa: Editora Vozes

ISBN 978-85-326-3108-4

Este livro foi composto e impresso pela Editora Vozes Ltda.

Fides quaerit intellectum

Para Dona Carmelita Coelho Souto,
a *sancta vetula* de que falava Santo
Agostinho, teóloga que pensa a fé,
a partir da rotina de seu quotidiano
como mulher do povo, e nos ensina
que "conhecer a Deus" é, antes de tudo,
amá-lo, servindo nossos irmãos e irmãs,
em solidariedade compassiva.

Sumário

Apresentação à segunda edição da coleção Iniciação à Teologia, 9
Prefácio, 13
Introdução, 15
1 O que é teologia?, 17
2 Quem faz teologia?, 21
3 Fontes da teologia, 27
4 Metodologia teológica, 33
5 Teologia no plural, 39
6 Teologia e práxis cristã, 49
Conclusão, 53
Referências, 55
Índice, 57

Apresentação à segunda edição da coleção Iniciação à Teologia

Uma coleção de teologia, escrita por autores brasileiros, leva-nos a pensar a função do teólogo no seio da Igreja. Tal função só pode ser entendida como atitude daquele que busca entender a fé que professa e, por isso, faz teologia. Esse teólogo assume, então, a postura de produzir um pensamento sobre determinados temas, estabelecendo um diálogo entre a realidade vivida e a teologia pensada ao longo da história, e se caracteriza por articular os temas relativos à fé e à vivência cristã, a partir de seu contexto. Exemplos claros desse diálogo com situações concretas são Agostinho ou Tomás de Aquino, que posteriormente tiveram muitas de suas teorias incorporadas à doutrina cristã-católica, mas que a princípio buscaram estabelecer um diálogo entre a fé e aquele determinado contexto histórico. Como conceber um teólogo que se limita a reproduzir as doutrinas pensadas ao longo da história? Longe de ser alguém arbitrário ou que assuma uma posição de déspota, o teólogo é aquele que dialoga com o mundo e com a tradição. Formando a tríade teólogo-tradição-mundo, encontramos um equilíbrio saudável que faz com que o teólogo ofereça subsídios para a fé cristã, ao mesmo tempo que é fruto do contexto eclesial em que vive.

Outra característica que o acompanha é a de ser filho da Comunidade eclesial, e como tal deve fazer de seu ofício um serviço aos cristãos. Se consideramos que esses cristãos estão inseridos em realidades concretas, cada teólogo é desafiado a oferecer pistas, respostas ou perspectivas teológicas que auxiliem na construção da identidade cristã que nunca está fora de seu contexto, mas acontece justamente na relação dialógica com ele. Se o contexto é sempre novo, também a teologia se renova. Por isso o teólogo olha novos horizontes e desbrava novos caminhos a partir da experiência da fé.

O período do Concílio Vaticano II (1962-1965) consagrou novos ares à teologia europeia, influenciada pela *Nouvelle Théologie*, pelos movimentos bíblico e litúrgico, dentre outros. A teologia, em contexto de Modernidade, apresentou sua contribuição aos processos conciliares, sobretudo na perspectiva do diálogo que ela própria estabelece com a Modernidade, realidade latente no contexto europeu. A primavera teológica, marcada por expressiva produção intelectual e pelo contato com as várias dimensões humanas, sociais e eclesiais, também chega à América Latina. As conferências de Medellín (1968) e Puebla (1979) trazem a ressonância de vários teólogos latino-americanos que, diferente da teologia europeia, já não dialogam com a Modernidade, mas com suas consequências, vistas principalmente no contexto socioeconômico. Desse diálogo surge a Teologia da Libertação e sua expressiva produção editorial. A Editora Vozes, nesse período, foi um canal privilegiado de publicações e produziu a coleção *Teologia & Libertação* que reuniu grandes nomes na perspectiva da teologia com a realidade eclesial latino-americana. Também nesse período, houve uma reformulação conceitual na REB (*Revista Eclesiástica Brasileira*), organizada pelo ITF (Instituto Teológico Franciscano), impressa e distribuída pela Editora Vozes. Ela deixou de ser canal de formação eclesiástica para se tornar um meio de veiculação da produção teológica brasileira.

Embora muitos teólogos continuassem produzindo, nas décadas do final do século XX e início do XXI, o pensamento teológico deixou de ter a efervescência do pós-concílio. Vivemos um momento antitético da primavera conciliar, denominado por muitos teólogos como inverno teológico. Assumiu-se a teologia da repetição doutrinária como padrão teológico e os manuais históricos – muito úteis e necessários para a construção de um substrato teológico – que passaram a dominar o espaço editorial. Essa foi a expressão de uma geração de teólogos que assumiu a postura de não mais produzir teologia, mas a de reafirmar aspectos doutrinários da Igreja. O papado de Francisco marcou o início de um novo momento, chancelando a produção de teólogos como Pagola, Castillo, e em contexto latino-americano, Gustavo Gutiérrez. A teologia voltou a ser espaço de produção e muitos teólogos passaram a se sentir mais responsáveis por oferecerem ao público leitor um material consonante com esse momento.

Em 2004, o ITF, administrado pelos franciscanos da Província da Imaculada, outrora responsável pela coleção *Teologia & Libertação* e ainda responsável pela *REB*, organizou a coleção *Iniciação à Teologia*. O Brasil vivia a efervescência dos cursos de teologia para leigos, e a coleção tinha o objetivo de oferecer a esse perfil de leitor uma série de manuais que exploravam o que havia de basilar em cada área da teologia. A perspectiva era oferecer um substrato teológico aos leigos que buscavam o entendimento da fé. Em 2019 passamos por uma reformulação dessa coleção. Além de visarmos um diálogo com os alunos de graduação em teologia, queremos que a coleção seja espaço para a produção teológica nacional. Teólogos renomados, que têm seus nomes marcados na história da teologia brasileira, dividem o espaço com a nova geração de teólogos, que também já mostraram sua capacidade intelectual e acadêmica. Todos eles têm em comum a característica de sintetizarem em seus manuais a produção teológica que é fruto do trabalho.

A coleção *Iniciação à Teologia*, em sua nova reformulação, conta com volumes que tratam das Escrituras, da Teologia Sistemática, Teologia Histórica e Teologia Prática. Os volumes que estavam presentes na primeira edição serão reeditados; alguns com reformulações trazidas por seus autores. Os títulos escritos por Alberto Beckhäuser e Antônio Moser, renomados autores em suas respectivas áreas, serão reeditados segundo os originais, visto que o conteúdo continua relevante. Novos títulos serão publicados à medida que forem finalizados. O objetivo é oferecermos manuais às disciplinas teológicas, escritos por autores nacionais. Esta parceria da Editora Vozes com os teólogos brasileiros é expressão dos novos tempos da teologia, que busca trazer o espírito primaveril para o ambiente de produção teológica, e, consequentemente, oferecermos um material de qualidade para estudantes de teologia, teólogos e teólogas que buscam aporte para seu trabalho cotidiano.

Welder Lancieri Marchini
Editor teológico, Vozes
Organizador da coleção

Francisco Morás
Professor do ITF
Organizador da coleção

Prefácio

Podemos dizer que estamos diante do livro que tem o caráter introdutório à coleção Iniciação à Teologia no sentido de ser o volume que traz consigo as características do fazer teológico que estarão presentes nos outros títulos da coleção. Isso porque o teólogo que não compreende as características do estudo da teologia e do método teológico se limita à reprodução de teorias pensadas por outros, o que num primeiro momento não parece ser um equívoco. Mas ao deixar de se apropriar do pensamento teológico, o teólogo deixa de tornar-se um sujeito do pensar.

A função da teologia consiste em entender o papel da fé cristã, que se concretiza sempre em determinado contexto histórico e cultural. Isso significa que a teologia não se ocupa unicamente de entender Deus, mas também de produzir uma teologia que seja relevante por dialogar com as situações da vida humana hodierna

Outra característica da teologia é que ela pensa não somente as questões relativas à vivência da fé, mas pensa a si mesma, como ciência. Tais reflexões se alocam no âmbito da metodologia e do método teológico.

O que a teologia tem a dizer ao ser humano do mundo atual? Se concebemos que a teologia é a ciência que busca entender a razão de ser da relação entre o ser humano com Deus, seja em âmbito pessoal ou comunitário (eclesial), entendemos que a teologia traz consigo uma função de sociabilizar com a comunidade de fé os elementos pesquisados pelo teólogo. Pensar a função da teologia significa, concomitantemente, pensar o modo como se faz teologia, seus métodos e sua epistemologia.

Nesta obra, Frater Henrique nos apresenta instrumentos e reflexões básicas para o fazer teológico. Básicas não somente por serem simples e acessíveis, isso por méritos do autor, mas também por constituírem a base do fazer teológico em todas as suas áreas.

Welder Lancieri Marchini
Editor teológico, Vozes
Organizador da coleção

Francisco Morás
Professor do ITF
Organizador da coleção

Introdução

O autor deste pequeno livro é, na realidade, um compilador ou, se quiser, "re-compositor". O seu intento é mormente didático. Procura sintetizar o conteúdo essencial de três obras que tratam da *Metodologia teológica*, ou seja, de "como estudar e aprender a fazer teologia". São os seguintes livros em ordem de aproveitamento nesta publicação:

BOFF, C. *Teoria do método teológico* (1) e sua versão didática (2).

LIBANIO, J.B.; MURAD, A. *Introdução à teologia*: perfil, enfoques, tarefas (4).

FORTE, B. *A teologia como companhia, memória e profecia* (3).

Tentou-se tornar acessíveis os temas centrais dessas obras para iniciantes em teologia, particularmente estudantes leigos. A partir de um conhecimento básico terão mais condições para alargar e aprofundar os assuntos aqui apenas tocados.

A fim de facilitar a localização das fontes supraindicadas foi colocado entre parênteses o número de sequência que o livro tem na bibliografia, separado com vírgula do número da(s) respectiva(s) página(s) onde se encontra a referência ao texto original.

Relativamente poucas vezes houve citações literais. Na maioria dos casos preferiu-se parafrasear o texto da fonte. É por este motivo que foram omitidas as aspas duplas de citação *ad litteram*.

Questões gerais sobre "como estudar" ou usar o aparelho técnico da metodologia científica não entraram nesta publicação, uma vez que são tratadas detalhadamente no livro da Editora Vozes *Aprenda a estudar: orientações metodológicas para o estudo* (13. ed. 2004).

Na sua total simplicidade e despretensão espera-se que esta "Mínima Iniciação" possa ajudar àqueles e àquelas que iniciam seus estudos teológicos, procurando "dar razão à fé" que já vivem como membros conscientes de sua Comunidade eclesial.

Instituto Santo Tomás de Aquino
Centro de Estudos Filosóficos e Teológicos dos Religiosos,
Belo Horizonte, 12 de outubro de 2004,
Festa de Nossa Senhora Aparecida,
Padroeira do Brasil

Frater Henrique Cristiano José Matos, cmm

1
O que é teologia?

1.1 Conceito

Quando perguntamos a católicos comuns o que entendem por teologia, recebemos as respostas mais variadas.

Uma doméstica disse: "Não sei, acho que é o estudo dos padres". Uma colega dela se expressou assim: "Sempre ouvi falar que é o que os padres fazem, mas nunca perguntei o que é". Um jovem do ensino médio respondeu: "Não tenho a mínima ideia". Outro aluno da mesma escola pública comentou: "Deve ser alguma coisa da História, quando se colocou a Terra no centro do universo [sic]". *Um membro de uma Comunidade eclesial da periferia, recentemente investido como Ministro da Palavra, argumentou: "Penso que é o estudo das coisas de Deus, da Bíblia Sagrada". E assim poderíamos continuar a lista...*

Para muitos cristãos teologia é algo misterioso, inacessível ao homem comum, formando um conjunto de palavras e afirmações sobre a religião que soa estranho e complicado.

O vocábulo TEOLOGIA compõe-se de dois termos: "Theós" e "logia" = uma "palavra sobre Deus", tendo originalmente o sentido de invocação e/ou anúncio.

Na expressão acertada de Karl Rahner (1904-1984) – um dos maiores teólogos católicos do século XX – teologia é "a explanação e explicação consciente e metodológica da Revelação divina, recebida e aprendida na fé". Nesta formulação estão presentes os elementos identificadores de uma autêntica teologia cristã. Trata-se, de fato, de "ciência da fé", entendida como esforço humano para compreender e interpretar a experiência de fé de uma comunidade e comunicá-la em linguagem e símbolos.

Podemos dizer igualmente que teologia é "a fé de olhos abertos", uma fé lúcida, inteligente e crítica (1,27). Deus é seu *objeto primeiro*, um Deus que "se revela" e se faz conhecer na História. Assim, a teologia inclui um encontro entre Deus que vem a nós e o ser humano que se abre à sua manifestação.

1.2 A fé que procura entender-se

A teologia nasce da fé; é seu desdobramento teórico ou intelectual. A experiência da fé constitui sua condição interna, essencial e vital (1,119). Com a razão o cristão procura aprofundar, justificar e esclarecer seu ato de fé em Deus (4,67). Um fiel consciente deseja, quase instintivamente, "compreender o que crê" ou captar pela razão aquilo de que já está convencido pela fé.

Santo Anselmo (†1109) fala, com propriedade, da "fé que ama saber". Sim, verdadeiro amor "nasce da fé" e deseja saber as razões "por que ama". Em outras palavras: a fé busca sua intelecção. Bela é a seguinte prece de Anselmo que expressa sua incessante procura, tanto na contemplação como no saber:

> "Não pretendo, Senhor, penetrar a tua profundidade, porque de forma alguma a minha razão é comparável a ela. Desejo entender de certo modo a tua verdade, que o meu coração crê e ama. Não busco, com efeito, entender para crer, mas creio para entender."

A teologia como "inteligência da fé" vai ao encalço do sentido derradeiro da vida, de sua "razão de ser". É algo próprio do ser racional. O ser humano, de fato, não se contenta com explicações parciais. Sempre está à procura de um sentido plenificante de sua existência. O fiel encontra esta "razão última" em Deus, "Aquele que é", o Ser verdadeiramente "subsistente", o "Ser-em-si", que lhe é revelado na História e, de forma cabal e definitiva, na pessoa de Jesus. Em Cristo, ele tem "acesso, em toda sua riqueza, à plenitude do entendimento, do conhecimento do mistério de Deus, pois nele estão escondidos todos os tesouros da sabedoria e da ciência" (Cl 2,2-3).

A teologia é *totalizante* porque abarca o inteiro horizonte de compreensão da vida e do significado da realidade (1,43). Levanta a pergunta maior sobre o sentido radical da existência e, por isso, conserva uma perene atualidade.

1.3 A eclesialidade da teologia

Teologia se faz *dentro* da Comunidade eclesial e como serviço ao Povo de Deus. Com efeito, trata-se de "teologia da fé" e fé é "fé da Igreja". É *na* Comunidade eclesial que essa fé nasce, cresce e se mantém. Assim, teologia não é uma atividade privada, mas essencialmente *eclesial*. A Igreja é seu sujeito primário e o seu espaço vital. A razão é óbvia: o objeto da teologia é a "fé revelada", uma realidade confiada a todo o Povo de Deus, que, por este motivo, constitui seu medianeiro indispensável (1,462). Cabe à teologia repensar e "reinventar" a fé cristã em continuidade com a tradição viva da Igreja, mas igualmente atenta às necessidades e urgências do homem de hoje.

Na Comunidade eclesial a fé é testemunhada primeiramente no *querigma* (anúncio) e só depois transmitida na *didaskalia* (ensino). A teologia não reflete, em primeiro lugar, uma doutrina, mas a própria Revelação, entendida como "verdade-evento": o acontecimento da Verdade salvífica na História, acolhida na fé (1,115).

1.4 Teologia como ciência

A teologia é ciência pelo fato de ser conhecimento crítico, sistemático e autoamplificante. Trata-se de uma ciência *sui generis*, diferente de outras áreas do saber humano. Não se aproxima de seu "objeto" como algo exterior ou alheio. É uma "sabedoria", ou "conhecimento", ligada a uma experiência prazerosa e amante que ilumina o sentido da existência (3,195).

A teologia é efetivamente uma *ciência fundamental* e nesta condição uma referência indispensável para as outras ciências. Remete ao fim derradeiro da vida e ao significado radical da existência. As ciências, de fato, se ocupam com as "causas" do mundo; a filosofia com sua "essência", mas a teologia atinge seu "sentido último" (1,365). Temos aqui o saber mais elevado, a ciência absoluta, cujo objeto é Deus, visto como sentido supremo de tudo e fonte da felicidade plenificante.

A teologia, cujo escopo é precisamente desvelar o sentido fundante e transcendente da existência, mantém com as demais ciências uma relação dialogal, respeitando sua autonomia e contribuição específica na busca da verdade. Há um vínculo dialético entre a teologia e os outros conhecimentos sistematizados. Estes – e particularmente a filosofia – podem ajudá-la a purificar sua representação, a aprofundar sua verdade e a provocar a descoberta de dimensões religiosas esquecidas ou negligenciadas (1,370).

2
Quem faz teologia?

Todo batizado é convidado a "dar razão de sua esperança" (cf. 1Pd 3,15). Em tese, qualquer fiel, na simplicidade de seu coração, é um/a teólogo/a, quando o Espírito lhe faz conhecer o sentido da vida, não raras vezes de forma mais penetrante do que o saber de um pensador "oficial" da religião pode oferecer. A explicação é simples: teologia na vida de um cristão é, antes de tudo, interiorizar o amor de Deus por nós e expressar esta experiência em termos inteligíveis. Trata-se da comunicação (que não precisa necessariamente ser verbal ou conceitual) do *valor absoluto* da existência, do sentido transcendente do nosso ser.

2.1 As diversas maneiras de teologizar

Podemos distinguir três "maneiras de fazer teologia" que, no fundo, se completam (1,604):

- A **teologia popular** parte da "lógica do VER", ou seja, do quotidiano da vida, sendo discurso espontâneo e imediato da fé.
- A **teologia profissional**, ligada à "lógica do JULGAR", procura iluminar e inspirar a ação evangelizadora, a partir da Palavra de Deus, interpretada em sintonia com a tradição viva da Igreja.

* A **teologia pastoral** se concentra na "lógica do AGIR", com discurso organicamente vinculado ao trabalho da evangelização e da animação comunitária.

O que o teólogo "profissional" tem de diferente dos outros dois "fazedores de teologia" não é a fé *em si*, mas a capacidade de verbalizá-la cientificamente (3,137).

Para ser bom teólogo é indispensável que se escute o povo fiel, porque é nele que atua o grande Mestre de todos os teólogos: o Espírito Santo.

Frente ao povo cristão a função do profissional em teologia é (1,608): refletir *por ele* (função vicária), *para ele* (função de ensino) e, sobretudo, *com ele* (função pastoral).

Santo Agostinho (†430), numa de suas cartas, justifica e elogia o esforço humano na sua busca de "dar razão" à fé vivida (2,26-27):

> "Longe de nós pensar que Deus possa odiar em nós aquela faculdade pela qual nos criou superiores ao resto dos animais. Longe de nós pensar que a fé nos incita a recusar ou a deixar de buscar a razão, pois nem mesmo poderíamos crer se não tivéssemos almas racionais... Tu, caríssimo, ora intensa e fielmente para que o Senhor te dê o entendimento. Assim, ser-te-ão frutuosas as advertências que de fora te oferece a inteligência dos mestres e doutores".

2.2 Teologia se faz na Comunidade cristã

Ser teólogo/a é um carisma (dom) na Igreja (cf. Rm 12,7), uma diaconia (serviço) ou ministério para "a edificação do Corpo de Cristo" (Ef 4,12), tendo em vista a missão evangelizadora no mundo. Assim, o teólogo é um *servidor* da Palavra a favor do povo, serviço que deve ser prestado com liberdade e competência. Na realidade ele recebe da Comunidade eclesial uma *delegação* ("missio canonica"), autenticada pelo Magistério, para aprofundar e transmitir as verdades da fé das quais a própria Comunidade é depositária (2,84).

É tarefa do teólogo profissional contribuir para que a linguagem e a proclamação do mistério salvífico sejam atualizadas, atendendo aos sinais dos tempos. Um competente teólogo, diz Karl Barth (†1968), tem numa mão a Bíblia e na outra o jornal! Deve ajudar sua comunidade a pensar sobre a fé de forma orgânica e elaborada, levando em consideração as grandes questões existenciais que o momento histórico apresenta.

O/a teólogo/a é um homem ou mulher "de Igreja", mas não um simples porta-voz da Instituição eclesiástica e, muito menos, um serviçal da Hierarquia. Cabe a ele ajuizar – com liberdade e humildade – as realidades históricas da Igreja, confrontando-as com o fundamento e o destino da própria fé (1,419). Seu irrenunciável direito de criticidade, no entanto, deve estar a serviço da verdade essencial da fé e da caridade eclesial, seja em relação ao Povo de Deus, seja em relação a seus Pastores (2,84).

2.3 A experiência de fé na teologia

Grandes teólogos são pessoas de intensa vida espiritual. Dificilmente pode ser diferente. A fé vivida é a alma da teologia e, por isso, esta deve ser feita "de joelhos", orando. De fato, só uma *teologia genuflexa* (Hans Urs von Balthasar, †1998) pode obter do Espírito o dom de uma mente iluminada. Um teólogo, digno deste nome, é alguém "que viu", uma testemunha de Deus, um contemplativo das coisas divinas. Na qualidade de profissional nada mais faz senão elaborar de maneira crítico-científica o que ele mesmo intuiu na sua própria vida e na de sua Comunidade eclesial (1,50). Orando, ele se aproxima do Mistério; orando, empreende sua tentativa de "pensar a fé" e comunicá-la em termos inteligíveis para seus contemporâneos (3,197). Antes de falar *de Deus*, o teólogo fala *com Deus*: a teologia nasce da prece! É no falar-com-Deus que emerge o falar-de-Deus. À base do ato teológico está o encontro com o Deus vivo e santo em comunhão de amor, que resulta em escuta e entrega ao Mistério Maior.

O trabalho teológico se inicia com o interesse, o gosto e mesmo a paixão por Deus e seu projeto salvífico. Faltando esta dimensão, o estudo da teologia corre o risco de ser atividade forçada e enfadonha. O evangelista São João o afirma sem rodeios: "Quem não ama, não pode conhecer a Deus" (1Jo 4,8).

O grande teólogo medieval Santo Tomás de Aquino (†1274) rezava diariamente, ajoelhado aos pés do crucifixo:

> "Concede-me, Deus misericordioso, desejar com ardor o que Tu aprovas, procurá-lo com prudência, reconhecê-lo com verdade, realizá-lo com perfeição, para o louvor e glória do teu Nome".

2.4 Qualidades do trabalho teológico

Há duas formas fundamentais de "fazer teologia" e que se enriquecem mutuamente: a *sapiencial*, que se apresenta como sabedoria-dom-saber-experiência, e a *científica*, apresentada como sabedoria-virtude-saber-ciência. Um teólogo cabal incorpora ambas em seu trabalho, sendo assim, ao mesmo tempo, "teólogo sábio" e "teólogo sabido" (1,148).

Um/a teólogo/a é um cristão ou cristã que só quer dar glória a Deus: "Soli Deo gloria" (João Calvino, †1564). Reconhece o seu próprio nada diante da imensidade do amor divino. Tem viva consciência de que "sua" sabedoria é apenas estultície e debilidade: "O que é loucura no mundo, Deus o escolheu para confundir os sábios; o que é fraco no mundo, Deus o escolheu para confundir o que é forte; aquilo que no mundo é vil e desprezado, aquilo que não é, Deus o escolheu para reduzir a nada o que é, a fim de que nenhuma criatura possa orgulhar-se diante de Deus" (1Cor 1,27-29).

A honesta confissão dos próprios limites constitui, na realidade, o reconhecimento da infinita transcendência de Deus, sempre envolta em mistério inefável.

Respondendo a um jovem que o criticara por lentidão e reticência nas suas reflexões teológicas, Santo Agostinho adverte: "Não desprezes um homem que, para compreender realmente o que não compreende, compreende que não compreende... Portanto, filho meu, não desagrade à tua juvenil presunção o meu temor de ancião".

Um teólogo – como, aliás, qualquer cientista – deve ter liberdade para pesquisar. Essa exigência nem sempre é convenientemente respeitada pelas autoridades eclesiásticas (4,43). Frequentes vezes a Hierarquia tem medo das "novidades" que o trabalho teológico apresenta. Ao teólogo convém sempre distinguir entre o que é "doutrina comum da fé", especialmente no referente aos dogmas da Igreja, e o que é simples opinião pessoal ou hipótese (2,50).

Na intelecção da fé, a virtude da humildade é caminho seguro na busca da verdade. Nada mais contrário a um teólogo sério do que arrogância, inveja ou vaidade. Alguém se distancia da teologia como "ciência da fé" quando desenvolve assuntos por mera curiosidade, quando aborda temas ociosos sem relevância para a vida eclesial, ou quando se recusa a escutar o Magistério, a Tradição, seus colegas teólogos ou o Povo de Deus em geral. Devem ser denunciados como pseudoteólogos os que não estudam com seriedade ou carecem de profissionalismo, fazendo uma teologia apressada, sem consistência teórica, ou cedendo a modismos. Censurável é também o teólogo "adulador" que forja suas reflexões para agradar à Hierarquia ou para evitar incompreensões e eventuais censuras das altas instâncias eclesiásticas (1,545-546).

O "Doctor Angelicus", Mestre perene no "pensar a fé", recomenda ao estudioso em teologia as seguintes virtudes: clareza intelectual; simplicidade de linguagem; honradez de pensamento; respeito à Tradição; sistematicidade no trabalho; redução das questões particulares a princípios primeiros; unidade e distinção entre as várias dualidades, por exemplo, entre razão e Revelação, natureza e graça etc.; senso do Mistério; coragem na conceituação.

Uma teologia verdadeiramente cristã terá as características de caridade operosa, de fé viva e de esperança sólida. Sua única finalidade é "dar glória a Deus" e não a si mesma. Sendo apenas "o início" da busca e compreensão do Mistério "sempre maior", rejeita toda autoexaltação, na consciência de que só o Senhor é sua morada e razão de ser. Neste sentido não é por acaso que os maiores teólogos da Igreja têm sido santos! (3,199).

Em sua *Prece depois da especulação* o grande Agostinho de Hipona roga:

> "Senhor, meu Deus, minha única esperança, ouve-me para que não sucumba ao desalento e deixe buscar-te, mas anseie sempre teu rosto com ardor (cf. Sl 104,4). Dá-me forças para a busca, Tu que fizeste que te encontrasse e me deste a esperança de um conhecimento mais perfeito. Diante de ti está minha firmeza e minha fraqueza: sana esta, conserva aquela. Diante de ti está meu saber e minha ignorância: se me abres, recebe ao que entra; se me fechas a porta, abre ao que chama. Faze que me lembre sempre de ti, te compreenda, te ame. Aumenta em mim tudo isso, até que me transformes totalmente".

3
Fontes da teologia

A **Revelação** constitui a fonte-base de toda a teologia.

O projeto divino da Revelação realiza-se ao mesmo tempo "por ações e por palavras ligadas entre si e que se iluminam mutuamente" (Constituição dogmática *Dei Verbum* (DV), sobre a Revelação divina, 3). Por etapas Deus vai se revelando e pedagogicamente conduz seu povo a acolher esta sua autorrevelação que culmina na pessoa e missão de Jesus de Nazaré, seu Verbo encarnado.

A transmissão da Revelação divina se faz pela Tradição apostólica e pela Escritura, estreitamente unidas entre si e reciprocamente comunicantes. Ambas, de fato, promanam da mesma fonte e, de certo modo, tendem ao mesmo fim (DV, 9). Juntas constituem o "patrimônio sagrado da fé" ou o *depositum fidei*.

A fé cristã – é necessário frisá-lo – não é uma "religião do Livro", mas da Palavra de Deus, isto é, do Verbo Encarnado e vivo, e não de um verbo escrito e mudo. Para que a Escritura não permaneça letra morta é preciso que Cristo – Palavra eterna do Deus vivo –, pelo Espírito Santo, nos "abra a mente para compreendermos as Escrituras" (Lc 24,45).

Embora a Revelação esteja terminada, pois Cristo é o mediador plenificante da inteira automanifestação divina, ela ainda não está "explicitada" por completo. Cabe à fé cristã no decorrer dos tempos captar todo o seu alcance, tarefa específica, embora não exclusiva, da teologia como ciência da fé.

3.1 A Escritura [a fé-Palavra como "princípio determinante da teologia"]

3.1.1 Alma da teologia

A Palavra viva de Deus, que contém a autocomunicação divina na História, é a base perene de toda a teologia ou sua fonte constitutiva. É igualmente o princípio de sua identidade e da ortodoxia de seu pensar (1,640-641).

A Escritura compreende o testemunho categorial ou registro humano e canônico da Palavra, sendo teologia em forma elementar, nuclear e primária. A Bíblia é, por assim dizer, a verdadeira "morada" da Palavra, que nela habita em palavras humanas pronunciadas pela Igreja nascente, sob a ação do Espírito Santo e mediante a pena de autores sagrados (3,164).

3.1.2 Uma "história salvífica"

Através de eventos e palavras Deus vem ao encontro dos homens e se entretém com eles histórica e pessoalmente e os convida à comunhão consigo (DV, 2). É na concretude temporal que o ser humano recebe a mensagem salvífica e a ela responde. A Escritura faz fundamentalmente *memória* deste "plano de salvação", que constitui sua unidade orgânica. Sendo Livro-testemunho do Povo crente, a Bíblia pertence à Igreja como Comunidade de fé e deve ser lida comunitariamente. Mesmo quando sua leitura se faz individualmente, esta deve estar em sintonia com o Povo de Deus (*sentire cum Ecclesia*).

Para que a leitura bíblica seja espiritualmente proveitosa, requer-se uma atitude de docilidade receptiva e não de interesse seletivo. Ela atinge coração e vontade. De fato, inclui, de um lado, amar a Deus, adorá-lo, confiar nele; de outro, observar a Lei divina e praticar a justiça na solidariedade compassiva (1,188).

3.1.3 A centralidade da pessoa de Jesus Cristo

Cristo é o centro, o objetivo e a plenitude da Revelação: "As Escrituras falam de mim" (Jo 5,39; cf. Rm 10,4). A fé da Igreja confessa e anuncia que a autocomunicação de Deus se deu, em plenitude e ultimidade, na pessoa histórica de Jesus Cristo, mediador entre o Pai e a humanidade. É por isso que, na perspectiva cristã, toda a Bíblia deve ser lida à luz de Cristo, de sua palavra e de sua vida.

Em resumo: na Igreja toda a primazia cabe à Palavra-*proposta*: a Revelação; só depois vem a palavra-*resposta*: a teologia. Sendo, antes de tudo, História salvífica ou Aliança de Amor, e não sistema teológico, a fé revelada vem a nós primeiramente pelo testemunho e não pela especulação.

3.1.4 Conhecimento bíblico e canonicidade

Para um cristão captar corretamente a mensagem religiosa da Escritura existem algumas "regras interpretativas" (2,42), que podem ser sintetizadas assim:

– Dispor-se com sinceridade à *escuta* obediente e orante da Palavra.

– Situar o texto no *contexto* histórico e canônico, sendo Cristo seu ápice.

– Fixar primeiro o sentido *textual* e a partir dele o sentido *atual*, finalizando com a prática do *ágape*.

– Estar em comunhão com a *Igreja*, sua Tradição e seu Magistério.

O que se entende por "cânon" ou *regra de fé*, qualificação dada à Escritura?

A Bíblia constitui para nós, cristãos, a autoridade máxima da fé e, consequentemente, da teologia, pelo fato de o Povo de Deus ter nela registrado os acontecimentos salvíficos num testemunho vital. Isso vale sobretudo para a Comunidade cristã das Origens em relação aos escritos neotestamentários. No que diz respeito aos livros do primeiro Testamento, o critério geral de canonicidade é a verificação de esses escritos terem servido para sustentar a fé e guiado o Povo de Deus na sua caminhada histórica (1,230).

3.2 A Tradição [a fé-experiência/prática como "princípio existencial e verificador da teologia"]

3.2.1 *Relação Escritura-Tradição*

A Revelação divina não se restringe a palavras escritas, mas manifesta-se, sobretudo, em "eventos salvíficos". Por isso, a teologia – que tem na Revelação seu princípio determinante – encontra a fonte de seu conhecimento não só nas palavras da fé, mas também – e enquanto iluminada por elas – na vivência da fé, ontem e hoje. Situa-se aqui a importância da própria vida de fé da Igreja, expressa na liturgia, nas formulações dogmáticas, no testemunho dos Santos Padres e outros mestres ou escritores espirituais e, por fim, na caminhada histórica do próprio Povo de Deus. Trata-se da tradição *viva* da Comunidade eclesial da qual a teologia se apropria, determinando-lhe o sentido e discernindo o peso e valor de cada testemunho (1,200).

A tradição eclesial pode ser vista como *complemento formal* da Escritura, no sentido de ajudar na sua correta interpretação e na aquisição não de novas verdades, mas de uma maior "certeza a respeito de tudo o que foi revelado" (DV, 9).

Sintetizando: a Revelação, unitária e dinâmica ao mesmo tempo, se faz mediante a Escritura e a Tradição. A *Tradição* tem frente à Escritura uma função receptiva, conservativa e inovador-explicativa; a *Escritura* tem defronte à Tradição uma função normativo-crítica (1,247).

3.2.2 A experiência cristã

Vimos que o princípio determinante da teologia é a Palavra revelada, testemunhada na Escritura e na vida da Comunidade de Fé. Assim também a prática cristã ilumina a fé e contribui para o conhecimento teológico. Aliás, toda a realidade pode tornar-se *lugar teológico*, ou seja, manifestação da presença salvífica de Deus. Daí a importância de se perscrutar os sinais dos tempos e interpretá-los à luz soteriológica.

Nesta perspectiva o valor cósmico da salvação ganha particular relevo. Efetivamente, no desígnio salvífico do Pai nada está excluído. A própria Palavra criadora fez de toda criatura o eco profundo – certamente oculto, mas também originário e autêntico – do eterno diálogo da vida divina. O Verbo de Deus, tomando a natureza humana, assumiu de certa forma o universo inteiro para tudo redimir e entregar ao Pai (cf. 1Cor 15,28). Se "aquilo que foi assumido, foi salvo" – segundo o axioma da patrística – e recapitulado em Cristo (cf. Ef 1,10), a Redenção tem efetivamente um alcance universal e abrange *toda* a realidade histórica: "Pois aprouve a Deus fazer habitar nele toda a plenitude e tudo reconciliar por meio dele e para Ele, na terra e nos céus, tendo estabelecido a paz pelo sangue de sua cruz" (Cl 1,19-20) – (3,152).

Fontes privilegiadas da experiência cristã são a liturgia e a oração. Na liturgia o discurso teológico se torna hino; na teologia o canto litúrgico se faz pensamento, raciocínio e diálogo (3,198).

A própria vida das testemunhas qualificadas da fé, os santos e santas, fornece igualmente um precioso manancial teológico. Afirma a Constituição dogmática *Lumen Gentium* (LG), sobre a Igreja: "Na vida [dos santos]..., Deus de maneira viva manifesta sua presença e sua face à humanidade. Ele mesmo nos fala neles e nos dá um sinal de seu Reino... [sendo eles] a comprovação da verdade do Evangelho..." (50b).

3.2.3 *As formulações da fé*

Além da prática cristã e eclesial, também os artigos do *Credo*, os dogmas e doutrina cristã em geral fazem parte da Tradição e são, portanto, objeto de investigação por parte da teologia. Detemo-nos aqui ao dogma propriamente dito.

Em sentido restrito trata-se de uma declaração formal e vinculante do Magistério eclesiástico sobre uma determinada verdade revelada.

O que é *definitivo* no dogma é sua substância ou conteúdo essencial; *contingente* é sua expressão ou forma verbal pelo fato de ser cultural e historicamente condicionada. Assim, o dogma, como "verdade da fé", é, *em si,* "irreformável" – termo técnico significando que seu núcleo é perene e não pode ser alterado – mas, como qualquer sentença historicamente situada, traz em si uma abertura a novas formulações e interpretações. Na evolução do dogma há pois uma *descontinuidade* formal dentro de uma *continuidade* substancial (1,258; 3,141).

Embora apropriadas, as formulações dogmáticas são, no fundo, sempre imperfeitas, como aliás toda a linguagem da fé. Há inevitavelmente uma inadequação entre nossa verbalização conceitual e o Mistério maior da Revelação divina.

Em relação aos dogmas os membros da Igreja devem *submissão de fé,* enquanto os ensinamentos do Magistério (doutrina) pedem uma *submissão religiosa* de vontade e inteligência.

4
Metodologia teológica

4.1 Aprender a "fazer" teologia

A metodologia teológica tem por objetivo ensinar como "praticar a teologia". Munido do indispensável instrumental básico, o estudante deve aprender as *regras fundamentais da teologia* para exercitá-las em suas reflexões e trabalhos.

Para "crer" não basta "entender". A fé vai muito além de um simples domínio racional. É um ato vital de autoentrega ao Mistério divino realizado no amor. No fundo, "fazer teologia" é prestar um *serviço* ao conhecimento e ao amor do homem, na Igreja, para a glória de Deus (3,160).

Tarefa importante da teologia, como ciência, é articular os dados da fé numa síntese orgânica, estabelecendo um nexo entre os mistérios salvíficos, por sua vez articulados em temas centrais.

Com disponibilidade e responsabilidade, o teólogo passa suas reflexões aos coirmãos e coirmãs de fé na qualidade de um servidor e intérprete da "teóloga originária" que é a própria Comunidade eclesial. Está assim *no meio* da Igreja para ajudar, estimular e animar os fiéis na vivência aprofundada de sua fé (4,201).

4.2 Caminhos do conhecimento de Deus

A teologia é uma "palavra sobre Deus"; é uma intensa busca de Deus, partindo da realidade concreta onde surgem as perguntas realmente fundantes sobre o ser.

Para conhecer a Deus, a humanidade seguiu na sua milenar trajetória histórica caminhos diferentes que, em si, são complementares (2,127):

O **Caminho da Razão,** sistematizado na filosofia. Pode levar a um conhecimento das verdades naturais sobre Deus, ou seja, de sua existência e atributos essenciais. Aqui temos o valor específico da *razão filosófica* que pensa a raiz das coisas, levantando a questão sobre o sentido, os valores e os fins da existência. Nessa acepção a filosofia é intrínseca à fé e tem um lugar estrutural na teologia (1,384). De fato, a teologia incorpora o pensamento filosófico na exata medida em que reflete a resposta divina à interrogação humana sobre o sentido radical da vida e do mundo (1,371).

O **Caminho das grandes Religiões** torna possível um vislumbre do Mistério e, por isso, podemos considerá-lo como uma presença de "lampejos" ou "clarões" da Verdade que "iluminam os homens" (Declaração *Nostra Aetate,* sobre as relações da Igreja com as Religiões não cristãs, 2b). Nessas religiões percebem-se "ações do espírito" ou, em outras palavras, a mão de Deus estendida para suas criaturas a fim de atraí-las a si.

O **Caminho da Revelação** diz respeito à automanifestação de Deus que culmina na pessoa de Jesus Cristo. Aqui o próprio Mistério maior se abre ao conhecimento dos seres humanos que respondem pela fé. É a "revelação plena" que constitui uma via acessível a todos, fácil, segura e pura. Esse Caminho não dispensa a razão mas a ultrapassa pela intuição, a experiência, e, sobretudo, pelo amor. Proporciona um encontro pessoal com o Deus vivo que efetivamente entra na vida da pessoa e da comunidade daqueles que creem (1,591).

Os três caminhos não se excluem, mas são complementares. A fé cristã pressupõe quer a razão, como "cepo onde se enxerta", quer a religião, como "solo onde se desenvolve". Assume criticamente a verdade interior dessas duas vias, elevando-a ao nível superior do Reino (2,128).

4.3 Etapas do trabalho teológico

É inerente à teologia cristã buscar unidade, sistematicidade, organicidade, em suma, uma visão sintética e articulada da Revelação e da fé.

No trabalho teológico há três passos consecutivos:

– a escuta da fé (passo hermenêutico);

– a experiência da fé (passo especulativo);

– a aplicação da fé (passo prático).

A **ausculta** [*auditas fidei*] é o passo básico pelo fato de a teologia "nascer da escuta" (cf. Rm 10,17). Não se inventa nem se produz somente com o engenho humano, mas é sempre "palavra de resposta" à Palavra revelada (3,162). Não se trata de uma audição meramente passiva, mas crítica, historicamente situada e dirigida a pessoas concretas (1,202). De fato, o receptor reconhece, confronta e mesmo enriquece tudo o que ouve a partir de sua realidade e o integra no conjunto de suas interrogações e experiências de vida (4,190).

A **explicação** [*intellectus fidei*] é o momento "construtivo" do trabalho teológico, em que se elabora seu "discurso" no confronto entre fé e razão.

Compõe-se de três operações (1,277):

– *análise* do conteúdo interno da fé, colocando o "porquê" dos mistérios em que se crê;

– *sistematização* desse conteúdo mediante uma síntese articulada;

– *criação* de novas perspectivas teológicas para avançar na compreensão da fé.

Um coerente discurso teológico mostra a coragem da crítica motivada e o rigor da veracidade, frutos de uma consciência honesta e da obediência fiel à Palavra revelada (3,62).

A "criticidade" deve ser *sapiencial* com o reconhecimento de seu limite de aceitabilidade e tolerância, tendo em vista a edificação da Comunidade cristã (4,346). Essa nobre atitude encontramos entre os Santos Padres, simultaneamente pastores e teólogos dos primeiros séculos do cristianismo. Desenvolvem uma visão integradora da fé que os torna capazes de realizar, no interior de sua Comunidade eclesial, uma leitura viva e atualizante da Escritura.

A atualização [*applicatio fidei*]. Teologiza-se para conhecer; conhece-se para amar; ama-se para praticar.

A produção teológica volta-se aqui para a pastoral como contribuição à Comunidade eclesial e a seus pastores. Sua reflexão também leva em consideração a realidade "do mundo", onde emergem as grandes questões existenciais que a teologia procura "iluminar" a partir da fé.

O que acabamos de expor sinteticamente pode ser compreendido também através da imagem do **tripé hermenêutico** de texto, contexto e pré-texto (4,180):

De dentro de um *pré-texto* social, vivendo-se no *contexto* eclesial, é procurado o sentido do *texto* da Revelação. Usam-se todos os recursos de intelecção do pré-texto, contexto e texto. Quando mais luz é lançada sobre cada um dos elementos, melhor fica a teologia. Quanto mais se descuida de um dos ângulos, o triângulo final será deformado. No fundo aparece a pergunta básica: O que Deus diz sobre tal realidade?

4.4 Linguagem e atitudes básicas

A linguagem é um instrumento indispensável na comunicação da experiência da fé e de sua compreensão racional. Sempre ficará aquém do Mistério que aborda. Diante de Deus o teólogo se cala, dobra os joelhos em adoração silenciosa. Já o experimentara São Paulo: "Nosso conhecimento é limitado... Agora, vemos em espelho e de modo confuso... No presente só conheço em parte..." (1Cor 13,9.12).

No campo da teologia as conceituações científicas mostram sua radical insuficiência. São indispensáveis mas têm capacidade expressiva bem limitada. A poesia parece ser a linguagem que melhor se adapta ao mistério pela força evocativa que apresenta. Com seu potencial sugestivo e intuitivo faz "vislumbrar" a realidade divina com a qual entra "em comunhão". Na linguagem poética a analogia ocupa lugar de destaque. De um lado diz algo verdadeiro sobre Deus, de outro, o diz conscientemente incompleto e imperfeito. Oferece um caminho de encontro à verdade, não de sua posse!

A linguagem simbólica fala à inteligência, mas pretende sobretudo "aquecer o coração"; leva à conversão e à ação, sob a luz da fé e o imperativo do amor. Procura estabelecer um diálogo vital entre Deus e o teólogo, representante e porta-voz de sua comunidade de fé (4,89-90).

Diante do magno Mistério ao qual apenas se aproxima, o teólogo adota uma postura de humildade e senso de limite. Suas reflexões pretendem mais "dizer", indicar ou evocar do que "falar" ou discorrer intelectualmente.

Na convicção sincera de sua incapacidade para abarcar racionalmente a realidade divina, o teólogo tem o dever profissional de procurar, com modéstia e simplicidade, expressões adequadas de seu pensamento. Busca clareza e transparência no seu discurso, levando em consideração aqueles que o escutam ou leem: *claritas* = *charitas*, clareza se deve à caridade!

Quem se dedica ao estudo da teologia deve incorporar uma tríplice atitude:

– Amor e entusiasmo para com as coisas de Deus que deseja conhecer a fundo.

– Convicção de se encontrar diante de um grande Mistério que por sua própria natureza exige reverência e humildade.

– Disposição para "socializar" os conhecimentos adquiridos, num gesto de despretensioso serviço à sua Comunidade eclesial e a todos que estão em busca de um sentido mais profundo de sua existência.

5
Teologia no plural

5.1 Unidade em pluralidade

Toda e qualquer teologia implica necessariamente "encarnação" da fé numa determinada realidade. Por isso será sempre um discurso cultural e historicamente condicionado. Essa temporalidade marca também a relatividade da produção teológica. De fato, os sinais dos tempos, os desafios de uma época, as urgências pastorais têm influência direta sobre o labor teológico. Pluralismo em termos de teologia é um dado congênito e irrenunciável. O que importa é conservar a unidade da fé na diversidade de suas expressões, com a convicção de que a unidade é sempre mais preciosa e necessária do que as diversidades e, por isso, exige maiores cuidados.

A teologia deve dialogar com as grandes interrogações que são levantadas num determinado momento histórico. Dessa forma ela evolui de acordo com as inquietações da fé de uma certa época ou cultura. Como reflexão crítica e sistemática sobre a fé, vivida em comunidade eclesial, a teologia será sempre tributária do contexto em que nasceu e se desenvolveu (4,111-112). Consequência imediata disso é o caráter incompleto e provisório de seu discurso. Inexauríveis são as profundezas de Deus; imprevisível o coração do homem; incessante a peregrinação do povo fiel na História!

(3,148). O teólogo estará sempre *in via*, à procura da "razão da fé", em realidades sempre cambiantes.

Em relação às buscas religiosas diversificadas – não raras vezes contrastantes – deve-se adotar uma atitude de abertura e compreensão, dosando o rigor da crítica com a modéstia e ao mesmo tempo largueza de espírito. Parcelas da Verdade revelada encontrar-se-ão seguramente em outros caminhos (cf. Decreto *Unitatis Redintegratio*, sobre o ecumenismo, 4). Semelhante posição favorece a própria "identidade católica", logicamente presumindo que o teólogo não tenha cedido a sincretismos superficiais ou simples modismos.

5.2 Caminhos históricos da teologia

Ao longo de sua trajetória bimilenar, o cristianismo trilhou caminhos diversificados de intelecção da sua fé. Queremos aqui pontilhar alguns momentos significativos desta busca.

5.2.1 A época patrística

Os Santos Padres associam a reflexão sobre a fé diretamente à vivência da fé na Comunidade eclesial. Sua teologia, como "educadores da fé", é integradora: o pensar teológico não se desliga da vida concreta, da liturgia, da espiritualidade e da missão evangelizadora no mundo. Apresentam uma abordagem afetiva, intuitiva e experiencial da fé, uma intelecção amorosa do Mistério, valorizando o símbolo. A liturgia, berço da teologia patrística, modela a relação original e fecunda entre pensar e celebrar a fé; entre o abrir-se gratuitamente ao Mistério inefável e a ousadia de falar sobre ele (4,125).

5.2.2 A época da escolástica

É a teologia que surge no século XIII, em pleno período medieval, e se caracteriza pela dialética. O lugar do "teologizar" é a *escola*, ou seja, a universidade, onde a *sacra doctrina* é ensinada ao lado de outras ciências que sobre ela exercem sua influência, notadamente com seu método de análise crítica e raciocínio dialético (3,102). As verdades dogmáticas são formuladas em *teses*, provadas com ditos extraídos da Escritura, dos Santos Padres, de concílios e teólogos de renome. Elabora-se um conhecimento teológico por via de oposições conceituais.

Em Santo Tomás de Aquino (†1274) este método chega à sua quase perfeição. O *Doctor Angelicus* não considera a ciência teológica como um fim em si, mas um serviço à contemplação da realidade divina. Assim, a inteligência, iluminada pela fé, estará em condições de saborear a "racionalidade superior" da sabedoria e do amor de Deus.

Um real perigo da escolástica posterior constitui o enclausuramento da verdade em "fórmulas fechadas". Fixando-se em categorias e conceitos, tende a bloquear qualquer evolução, tornando-se facilmente uma arma de combate a adversários da ortodoxia, tanto dentro como fora da Igreja.

5.2.3 A época moderna e contemporânea

No período convencionalmente denominado "moderno" (fim da Idade Média até aproximadamente a Revolução Francesa, 1789), a teologia católica tem as marcas da controvérsia, da polêmica e da apologética, num contexto de crescente divisão religiosa. Esse fato não significa que a reflexão sistemática sobre a fé na época do Concílio de Trento (1545-1563) seja menos significativa. Pelo contrário, desenvolve aspectos importantes e realmente necessários naquele momento histórico.

Será sobretudo no período do Iluminismo (século XVIII) que notamos na teologia uma estagnação e até declínio, verificados na adoção generalizada de "manuais teológicos".

O que há de mais notável na época chamada "contemporânea" é a *virada encarnatória* da teologia. Procura-se falar de Deus a partir da humanidade de Jesus, o que implica simultaneamente uma "experiência antropológica". A atenção já não se fixa no polo ontológico da fé (doutrina), deslocando-se para o polo humano, tanto em nível pessoal como em nível comunitário e social. A grande pergunta agora é: O que significa a *verdade da fé* para mim pessoalmente ou para nós, como comunidade? (2,146-147). Recusa-se separar a inteligência da fé do contexto sociopolítico e econômico-cultural da humanidade, hoje. Emergem assim muitas "teologias" que procuram atender a demandas diversificadas, pressupondo intenso contato dialogante com a realidade viva e suas inquietantes interrogações. Nasceram neste contexto enfoques novos no *fazer teologia*: o feminista, o étnico, o ecológico, o macroecumênico, o pluricultural, entre outros (4,254-281).

Percebe-se, igualmente, uma lenta mas decidida "desocidentalização" da teologia. A sua expressão europeia deixa de ser – não sem fortes reações – a *teologia universal* da Igreja, cedendo lugar a novas modalidades de "fazer teologia", nascidas em outros continentes e culturas e que não são menos "católicas"!

5.2.4 Uma teologia latino-americana

Após o Concílio Vaticano II (1962-1965) surgiu uma modalidade latino-americana de fazer teologia. Adotou o método indutivo, partindo da realidade social do continente, marcada por crescente pobreza de sua população, fato que desafia a consciência cristã. Coloca-se a grande pergunta: O que significa refletir sobre a fé num contexto de injustiça e exclusão social? Nesse contexto, como se deve "pensar sobre Deus e seu projeto salvífico"? Emerge com força a dimensão libertadora da fé. Num mundo de empobrecidos (feitos pobres pelo sistema econômico implantado) o rosto de Deus se mostra exatamente no reverso da história. O gemido do povo oprimido e mantido à margem toca profundamente aqueles que "fazem teologia" nesse continente e desperta para um compromisso ético-social concreto. Está em jogo a credibilidade da própria mensagem salvífica que clama por partilha e solidariedade na perspectiva de justiça social. A Teologia da Libertação (TdL) é, assim, uma "teologia específica" pela dimensão que privilegia, mas se coloca conscientemente no horizonte maior da fé, visando ultimamente à "libertação soteriológica", ou seja, a realização plenificante do grande plano de salvação (1,638-639).

5.3 Relação teologia-Magistério

Magistério eclesiástico e teologia estão numa relação de colaboração. Ambos se subordinam à Palavra e estão voltados para o serviço do Povo de Deus. Têm funções distintas, mas complementares. Ao Magistério cabe anunciar a Palavra e velar pela sua integridade; à teologia pertence o aprofundamento racional dessa mesma Palavra. Podemos dizer que os pastores na Igreja são como "a boca que ex-põe" a verdade salvífica; os teólogos são então "a cabeça que ex-plica" (2,84). As duas instâncias têm necessidade uma da outra (3,149).

Na Igreja existe um tríplice magistério: o primeiro e mais importante é o da Palavra de Deus. Depois vem o magistério do Povo de Deus como um todo e, por fim, segue o magistério dos pastores, que inclui o do papa. A primeira dimensão magisterial abarca todos os fiéis que, na Igreja, exercem seu "magistério comum" pelo testemunho da verdade do Evangelho, face ao mundo e face à própria instituição eclesiástica.

A função específica do magistério pastoral (hierárquico ou eclesiástico) é garantir o "ensino autêntico" ou a "autoridade da fé". O adjetivo *autêntico* refere-se ao fato de ser "proferido com autoridade" (*authentia* = autoridade), ou seja, de forma *oficial*. Uma expressão específica deste magistério pastoral é o do Romano Pontífice (2,81).

Estando sob a ação do Espírito Santo, não pode faltar ao magistério pastoral, igualmente, o apoio do Povo de Deus ou o "consensu ecclesiae". Este *consenso da fé* confere ao conjunto dos fiéis um juízo acertado sobre as coisas da fé. Trata-se de um saber sobrenatural, um conhecimento pneumático ou espiritual, no sentido de que procede do Espírito (1,436). Todo exercício da autoridade precisa ser *fidedigno*. Não lhe basta apenas legitimação jurídica; ele necessita de legitimidade moral, reconhecimento social, aceitação interior. Situa-se aqui o consenso dos fiéis. Este parte da convicção de que os pastores são irmãos que se dirigem a irmãos e irmãs e não a pessoas estranhas. O horizonte maior do exercício do magistério pastoral é a fraternidade eclesial, fundada sobre a comum dignidade batismal na qual atua o Espírito Santo. Uma consequência prática desta verdade é o impasse que surge quando os fiéis intuem como "escandalosa" ou "chocante" uma declaração doutrinária; quando surda ou abertamente a ela resistem; quando tal reação provém de comunidades vivas e coloca em xeque sua unanimidade moral durante um espaço de tempo razoável. São todos sinais de que a doutrina proposta se desvia da verdade de Deus. Verificamos então no organismo cristão uma espécie de "rejeição" a um "corpo estranho". Às vezes é a simples indiferença do povo fiel que denuncia a irrelevância ou impertinência de uma determinada posição doutrinária (1,440).

Em páginas precedentes já falamos do direito inalienável do teólogo à liberdade de pesquisa, que garante um sadio e necessário pluralismo teológico na Igreja. Quando não está em questão a substância ou verdade essencial da fé e assegurada a caridade eclesial, o teólogo pode pesquisar livremente. Em caso de desentendimento ou até conflito entre Magistério e teólogo(s), o diálogo mostra ser o caminho mais indicado, em vez de se ameaçar com censuras ou penas canônicas. Sempre que possível prevaleça o princípio de comunhão com a Igreja institucional. Um teólogo verdadeiramente eclesial sabe que pode ser *pioneiro*, mas não separado; *vanguarda*, mas não livre-pensador; à frente da Igreja oficial, mas não longe dela; *criativo* – um pouco heterodoxo, talvez –, mas não herético; pode ser *genial,* mas nunca genioso (1,481).

5.4 Áreas da teologia

O Decreto *Optatam Totius* (OT), sobre a formação presbiteral, do Concílio Vaticano II, apresenta o elenco das disciplinas teológicas que "devem ser ensinadas à luz da fé e sob a direção do Magistério da Igreja de modo que os estudantes possam acuradamente haurir da Revelação divina a doutrina católica, nela penetrar profundamente, torná-la alimento da própria vida espiritual, anunciá-la, expô-la e defendê-la no ministério sacerdotal" (n. 16a).

O documento conciliar apresenta três grandes áreas na teologia:

- a Escritura, "alma de toda teologia", sua raiz e seu tronco;
- a Teologia Dogmática, seu ramo "teórico";
- outras disciplinas, como extensões "práticas" da teologia.

Nas diversas áreas há subdivisões que podem ser esquematizadas da seguinte forma:

Fundamental: Introdução à teologia
                     Revelação, fé, tradição

Bíblica: Línguas bíblicas
       Introdução geral
       Livros do Antigo Testamento (várias disciplinas)
       Livros do Novo Testamento (várias disciplinas)

Moral: Fundamental
       Específica: da pessoa; social; ecológica...

Dogmática: Trindade; cristologia; eclesiologia;
　　　　　　antropologia teológica
　　　　　　Escatologia; mariologia, etc.
Direito Canônico: Fundamental
　　　　　　　　　Específico: sacramental, matrimonial,
　　　　　　　　　Vida Religiosa...
Liturgia e Espiritualidade
História da Igreja: Antiga, Medieval, Moderna, Contemporânea, América Latina e Brasil
Prática cristã: pastoral; religiosidade popular, aconselhamento pastoral...
Outras disciplinas: patrística; ecumenismo; missiologia...

A unidade da teologia, não obstante sua diversificação em disciplinas mais ou menos autônomas, se constrói sobre dois princípios: a Escritura como base e a própria vida cristã como finalidade (2,135).

A teologia fundamental ou dogmática passou por uma profunda revisão desde o Vaticano II. Abandonou-se o esquema dedutivo, centrado em teses. O anterior objetivismo que quis contemplar as verdades da fé em si mesmas foi substituído por uma abordagem mais experiencial que integra a problemática do homem de hoje em busca da verdade. Há maior sensibilidade para compreender os elementos que forjam a mentalidade contemporânea com suas grandes questões (4,214).

O estudo da teologia dogmática toma como ponto de partida a Escritura. Em seguida percorre a reflexão feita na época patrística e estuda a evolução histórica do dogma. Por fim, passa à especulação e à atualização de seu pensamento. A teoria assim elaborada tem um objetivo prático: ser reconhecida na liturgia e na vida da Igreja, podendo ser igualmente útil para a evangelização, hoje (OT, 16; 4,225).

A teologia não constitui um "saber estático". Novas perguntas pedem inovadoras respostas. Questões emergentes devem ser contempladas através de novos enfoques em matérias teológicas já existentes ou mediante a criação de novas disciplinas (4,235).

A dimensão pastoral da teologia é uma conquista definitiva após o Concílio Vaticano II, uma vez que o confronto com a vida é algo inerente a todo processo teológico. Efetivamente, toda teologia deve, em maior ou menor grau, reconhecer, explicitar e elaborar essa dimensão. O enfoque pastoral da teologia não é o que vem depois dela, como uma espécie de corolário teórico ou simples anexo. Não, trata-se da qualidade interna da própria teologia científica que tem que ser *pastoral* na medida em que vem toda informada pelo interesse de servir ao Evangelho e na medida em que isso se inscreve concretamente em seu discurso (1,412).

Na atualidade os Centros de Formação Teológica para Leigos adquiriram grande importância. A Igreja, particularmente na América Latina e no Brasil, precisam deles com urgência. Nesses Centros de Difusão Teológica, destinados a agentes de pastoral nos mais diversos níveis, o que importa realmente é oferecer princípios de intelecção da fé e critérios de ação, e não tanto um programa completo como de um curso acadêmico de teologia. Seu currículo deve evitar questões complicadas, apenas eruditas ou desnecessárias neste tipo de curso iniciatório, concentrando-se em poucos temas realmente essenciais e vitais para a prática pastoral (1,415).

6
Teologia e práxis cristã

6.1 Mútuo relacionamento

A teologia não deve preocupar-se somente com a "verdade" de suas afirmações, mas igualmente com sua "fecundidade" e relevância histórica. As verdades reveladas são para serem conhecidas, sim, mas sobretudo para serem vividas. Esclarecem, mas também aquecem; são luz que ilumina, mas muito mais força que salva (1,401).

Uma frutuosa reflexão teológica parte da própria vida (o conteúdo concreto do "pré-teológico") e se destina à vida real (o "pós-teológico"), à prática cristã. Temos aqui a "atualização" da fé na vida (sua *applicatio*), uma vez que as "verdades da fé" são sempre "verdades salutares" que dizem respeito à vida e à salvação do ser humano (1,383).

Hoje muitos colocam a pergunta sobre a "utilidade" da teologia: A quem interessa? Para que serve? Um tipo de teologia que se perde no abstrato de seus raciocínios, sem compromisso com a vida concreta dos homens e mulheres de nosso tempo, é uma "sabedoria" que "não vem do alto, mas é terrestre, animal, demoníaca" (Tg 3,15). A autêntica teologia cristã está voltada para a prática evangélica da comunidade eclesial e se interessa vivamente pelas grandes interrogações da humanidade, hoje. Não se detém em questões apenas subjetivas, mas abarca também – e até preferencialmente – os grandes temas sociais, culturais e ecológicos da atualidade, particularmente a gravíssima problemática da crescente pobreza e sistemática exclusão social.

Assim, o saber teológico será sempre um "saber-para". Não basta saber "o que"; é preciso ainda saber o "para que" e "como". Santo Tomás de Aquino já o afirmara com esta frase: "Só sabe bem uma ciência aquele que sabe igualmente como usá-la" (1,541).

6.2 Teologia e espiritualidade

A espiritualidade refere-se ao desenvolvimento progressivo da vida cristã, ou seja, da vida da graça, animada pelo impulso dinâmico e ação vivificadora do Espírito, até alcançar a sua perfeição na santidade.

Há um nexo intrínseco entre teologia e espiritualidade. Esta confere sabor e vigor pneumático àquela. A teologia, por sua vez, proporciona à espiritualidade oportunos parâmetros de compreensão e interpretação. Autêntica teologia cristã possui uma "dimensão mistagógica", no sentido de conduzir à experiência espiritual e particularmente à oração, entendida como colóquio amoroso com Deus.

A teologia – como já tivemos oportunidade de frisar várias vezes – nasce da fé eclesial e se orienta para a práxis da fé. No centro dela está o Mistério de Deus, ao qual nos aproximamos pelo coração, pela conversão e pela comunhão de vida. Sem isso, a teologia se reduz a um frio raciocínio e permanece estéril. Mais do que um ativo perscrutador de Deus, o teólogo deve deixar-se "seduzir pelo divino". Faz, na realidade, uma experiência mística (4,59), sabendo instintivamente que o Mistério de Deus não é para "ser esclarecido", mas para "esclarecer a vida". Não é tanto objeto de pensar do que luz que faz pensar todo o resto. Aparece neste contexto a dimensão apofática da teologia, o inefável, o silêncio do não saber, o maravilhar-se diante da eterna surpresa do divino.

6.3 Teologizar no provisório

A presença da teologia na vida cristã é prova evidente de como é humanizante a aventura da fé. Também é sinal de quanto a humana inquietude é desejosa de ver a Deus (3,60): "Senhor, é vossa face que eu procuro; não me escondais a vossa face!" (Sl 26(27),8).

À teologia solicitamos que nos recorde, sempre de novo, a origem, fazendo dela memória com as santas narrativas da fé. Pedimos que nos aponte a Pátria, pressentida na promessa, mas ainda não possuída. Que ela inquiete o presente, denunciando ídolos e desvios, como também apontando as negatividades que destroem a esperança. Queremos que a teologia nos fale de Deus como sua humilde serva, conduzindo-nos peregrinamente à luz, guiada pela estrela da Redenção, enquanto andamos na noite do tempo, sem seduções de completude ou de posse. Que, finalmente, ela desapareça quando a aurora radiante da Glória surgir e a *cognitio vespertina* – o conhecer na penumbra do entardecer – ceder à *cognitio matutina* – o conhecer na clareza da luz meridiana... (3,25.203).

A teologia tem um papel provisório e traz no seu bojo uma forte tensão escatológica. No nosso itinerário humano ela alimenta a vida de fé, esperança e caridade, sendo luz e energia para aqueles que vivem esta mesma fé na obscuridade e contradições deste mundo.

Efetivamente, toda a teologia é possuída e impelida para frente e para cima por uma poderosa força interior, dando-nos, na acertada asseveração do Aquinate, "certa impressão da ciência divina" e, por isso, "certa *participatio e assimilatio* da visão beatífica" (1,404).

Vale a pena dedicar-se, com afinco, aos estudos teológicos, experimentando dentro de si a pesada leveza do Mistério, a clara obscuridade do Transcendente e a liberdade cativante do Deus revelador. Não se conclui impune e intocado o estudo básico da teologia. Aquele que termina seu curso inicial já não é o mesmo de quando o começou. Estudar teologia mexe em profundidade com a pessoa que nele é confrontada com o cerne de sua existência, com o sentido transcendental de seu ser (4,371-372).

Conclusão

O crescente interesse por um aprofundamento da fé é sinal promissor na Igreja de nossos dias. Em meio do subjetivismo religioso que se alastra e consegue encantar multidões, percebemos, com alegria, um número cada vez maior de cristãos que querem "saber por que creem", buscando os fundamentos de sua fé. São normalmente leigos engajados na Comunidade eclesial que desejam ter raízes religiosas mais sólidas, inclusive para poder prestar um serviço mais qualificado a seus coirmãos e coirmãs de fé.

Iniciar o estudo da teologia é lançar-se numa aventura arriscada, uma vez que nos deparamos com o Mistério maior da nossa vida, com Deus que não se deixa enclausurar em categorias cognitivas. Ele mesmo toma a iniciativa de vir ao nosso encontro, revelando-se. A teologia brota deste "encontro com Deus", de uma experiência de fé, e volta a fecundar a própria vivência de fé, na realidade concreta da Igreja e do mundo. Atinge simultaneamente a inteligência e o coração, resultando num compromisso evangelizador. Teologia não se faz por pura curiosidade ou capricho pessoal, mas dentro da Igreja e a serviço dela.

O estudo da teologia pressupõe um espírito aberto. "O pior perigo da Igreja, hoje, é se recusar a pensar sistemática e criticamente a fé diante da Pós-modernidade, da globalização, do neoliberalismo, do consumismo e da informática. Enfim, da cultura atual" (Francisco Taborda, SJ).

A Igreja, mais do que nunca, precisa recobrar a consciência de que a "explicitação da fé" constitui uma contribuição irrenunciável para que o Evangelho de Jesus Cristo seja luz, verdade e vida neste momento histórico da humanidade.

Oxalá possa este pequeno tratado, apenas iniciatório, colaborar para se enxergar os amplos horizontes da teologia como *ciência da fé*, capaz de iluminar nosso seguimento do Senhor, robustecer nosso ser Igreja e renovar nosso testemunho cristão na sociedade, hoje.

Referências

(1) BOFF, C. *Teoria do método teológico*. 2. ed. Petrópolis: Vozes, 1999. 758p.

(2) BOFF, C. *Teoria do método teológico*: versão didática. 4. ed. Petrópolis: Vozes, 2001. 227p. [Col. Teologia e Libertação, tomo VI, série I: Experiência de Deus e Justiça].

(3) FORTE, B. *A teologia como companhia, memória e profecia*: introdução ao sentido e ao método da teologia como história. São Paulo: Paulinas, 1991. 228p.

(4) LIBANIO, J.B.; MURAD, A. *Introdução à teologia*: perfil, enfoques, tarefas. 4. ed. São Paulo: Loyola, 2003. 372p.

Outra literatura:

ALSZEGHY, Z.; FLICK, M. *Como se faz teologia*: introdução ao estudo da teologia dogmática. São Paulo: Paulinas, 1979. 259p. [Teologia hoje, 14].

BOFF, L.; BOFF, C. *Como fazer teologia da libertação?* Petrópolis: Vozes, 1986. 141p.

COMBLIN, J. *História da teologia católica*. São Paulo: Herder, 1969. 184p.

CONCÍLIO VATICANO II. *Constituições, Decretos, Declarações*. 3. ed. Petrópolis: Vozes, 1968.

CONCILIUM. Teologia, para quê? Petrópolis, vol. 30, n. 256, nov.-dez. 1994. 170p.

CONGREGAÇÃO PARA A DOUTRINA DA FÉ. *Instrução sobre a vocação eclesial do teólogo* [24-5-1990]. São Paulo: Paulinas, 1990. 38p. [A voz do Papa, 122].

FEINER, J.; LOEHRER, M. *Mysterium Salutis*: compêndio de dogmática histórico-salvífica. Vol. I/1 Petrópolis: Vozes, 1971, p. 11-44 [Teologia Fundamental].

GEFFRÉ, C. *Como fazer teologia hoje?*: hermenêutica teológica. São Paulo: Paulinas, 1989. 322p.

LACOSTE, J.-Y. (org.). *Dicionário crítico de teologia*. São Paulo: Paulinas, Loyola, 2004. 1.967p.

LATOURELLE, R. *Teologia, ciência da salvação*. São Paulo: Paulinas, 1981. 307p. [Teologia hoje, 20].

LATOURELLE, R.; FISICHELLA, R. (org.). *Dicionário de teologia fundamental*. Petrópolis; Aparecida: Vozes; Santuário, 1994. 1.094p.

MATOS, H.C.J. *Aprenda a estudar*: orientações metodológicas para o estudo. 13. ed. Petrópolis: Vozes, 2004. 135p.

MONDIN, B. *Os grandes teólogos do século vinte*. São Paulo: Teológica/ Paulus: 2003, p. 19-31; 305-319; 397-416.

RAUSCH, T.P. (org.). *Introdução à teologia*. São Paulo: Paulinas, 2004. 306p.

SCHILLEBEECKX, E. *Revelação e teologia*. São Paulo: Paulinas, 1968. 319p.

FRIES, H. (org.). *Dicionário de teologia*: conceitos fundamentais de teologia atual. Vol. V. São Paulo: Loyola, 1971, p. 297-311 [verbete: Teologia].

SEGUNDO, J.L. *Libertação da teologia*. São Paulo: Loyola, 1978. 259p.

SOBRINO, J. "Como fazer teologia: proposta metodológica a partir da realidade salvadorenha e latino-americana". *Perspectiva Teológica*, Belo Horizonte, v. 21, n. 55, p. 285-303, set.-dez. 1989.

Índice

Apresentação à segunda edição da coleção Iniciação à Teologia, 9

Prefácio, 13

Introdução, 15

1 O QUE É TEOLOGIA?, 17
   1.1 Conceito, 17
   1.2 A fé que procura entender-se, 18
   1.3 A eclesialidade da teologia, 19
   1.4 Teologia como ciência, 20

2 QUEM FAZ TEOLOGIA?, 21
   2.1 As diversas maneiras de teologizar, 21
   2.2 Teologia se faz na Comunidade cristã, 22
   2.3 A experiência de fé na teologia, 23
   2.4 Qualidades do trabalho teológico, 24

3 FONTES DA TEOLOGIA, 27
   3.1 A Escritura, 28
      3.1.1 Alma da teologia, 28
      3.1.2 Uma "história salvífica", 28
      3.1.3 A centralidade da pessoa de Jesus Cristo, 29
      3.1.4 Conhecimento bíblico e canonicidade, 29
   3.2 A Tradição, 30
      3.2.1 Relação Escritura-Tradição, 30

3.2.2 A experiência cristã, 31

3.2.3 As formulações da fé, 32

4 METODOLOGIA TEOLÓGICA, 33

4.1 Aprender a "fazer" teologia, 33

4.2 Caminhos do conhecimento de Deus, 34

4.3 Etapas do trabalho teológico, 35

4.4 Linguagem e atitudes básicas, 37

5 TEOLOGIA NO PLURAL, 39

5.1 Unidade em pluralidade, 39

5.2 Caminhos históricos da teologia, 40

5.2.1 A época patrística, 40

5.2.2 A época da escolástica, 40

5.2.3 A época moderna e contemporânea, 41

5.2.4 Uma teologia latino-americana, 42

5.3 Relação teologia-Magistério, 43

5.4 Áreas da teologia, 45

6 TEOLOGIA E PRÁXIS CRISTÃ, 49

6.1 Mútuo relacionamento, 49

6.2 Teologia e espiritualidade, 50

6.3 Teologizar no provisório, 51

Conclusão, 53

Referências, 55

Iniciação à Teologia

Coordenadores:
Welder Lancieri Marchini e Francisco Morás

Confira outros títulos da coleção em
livrariavozes.com.br/colecoes/iniciacao-a-teologia
ou pelo Qr Code

Conecte-se conosco:

facebook.com/editoravozes

@editoravozes

@editora_vozes

youtube.com/editoravozes

+55 24 2233-9033

www.vozes.com.br

Conheça nossas lojas:

www.livrariavozes.com.br

Belo Horizonte – Brasília – Campinas – Cuiabá – Curitiba
Fortaleza – Juiz de Fora – Petrópolis – Recife – São Paulo

EDITORA VOZES

VOZES NOBILIS

Vozes de Bolso

Vozes Acadêmica

EDITORA VOZES LTDA.
Rua Frei Luís, 100 – Centro – Cep 25689-900 – Petrópolis, RJ
Tel.: (24) 2233-9000 – E-mail: vendas@vozes.com.br